SUAVE ES VIVIR SOLO

FERNANDO PESSOA nació en Lisboa en 1888. Tras cursar estudios universitarios en Ciudad del Cabo, regresó a su ciudad natal en 1905. A partir de ese momento compaginó una vida de empleado comercial con la poesía. Alberto Caeiro, Ricardo Reis o Álvaro de Campos son nombres de alguno de sus heterónimos, verdaderas personalidades poéticas con estilo propio, creaciones, máscaras del autor. Pessoa murió en Lisboa en 1935. A pesar de publicar poemas y ensayos en vida, su obra empezó a ser reconocida tras su fallecimiento el 30 de noviembre de 1935 en su ciudad natal.

SUAVE ES VIVIR SOLO

FERNANDO PESSOA

Traducción de Ángel Crespo
Selección de Claudio López de Lamadrid

POESÍA
PORTÁTIL

A veces, y el sueño es triste,
en mis deseos existe
lejanamente un país
donde ser feliz consiste
solamente en ser feliz.

Se vive como se nace,
sin querer y sin saber.
En esa ilusión de ser,
el tiempo muere y renace
sin que se sienta correr.

El sentir y el desear
no existen en esa tierra.
Y no es el amor amar
en el país donde yerra
mi lejano divagar.

Ni se sueña ni se vive:
es una infancia sin fin.
Y parece que revive
ese imposible jardín
que con suavidad recibe.

Absorto e incierto
y sin conocer,
floto en el mar muerto
de mi propio ser.

Me siento pesar
porque agua me siento…
Te veo oscilar,
vida-descontento…

De velas privado…
La quilla virada…
El cielo estrellado
frío como espada.

Soy cielo y soy viento…
Soy barco y soy mar…
Que no soy yo siento…
Lo quiero ignorar.

Cuando era joven, yo a mí me decía:
¡Cómo pasan los días, día a día,
sin nada conseguido o intentado!
Mas, viejo, digo, con el mismo enfado:
¡Cómo, día tras día, todos son
sin nada hecho y sin nada en la intención!
Así, naturalmente, envejecido,
diré con igual voz e igual sentido:
un día vendrá el día
en el que no diré ya nada.
Quien nada fue ni es no dirá nada.

Hoy, en este ocio incierto
sin placer ni razón,
como un túmulo abierto
cierro mi corazón.

En la inútil conciencia
de que todo es en vano,
lo cierro a la violencia
de este mundo inhumano.

Mas ¿qué mal sufre un muerto?
¿Contra qué defenderlo?
Lo cierro absorto, es cierto,
mas sin querer saberlo.

Tengo pena y no respondo.
Mas no me siento culpado
porque en mí no correspondo
al otro que en mí has soñado.

Cada uno es mucha gente.
Para mí soy quien me pienso,
para otros –cada cual siente
lo que cree, y es yerro inmenso.

Ah, dejadme sosegar.
No otro yo me sueñen otros.
Si no me quiero encontrar,
¿querré que me halléis vosotros?

De aquí a poco acaba el día.
Yo no hice nada.
¿Y qué cosa es la que haría?
Fuese cual fuese, equivocada.

Muy pronto la noche viene,
mas sin razón
para aquel que solo tiene
que contar su corazón.

Y tras la noche y dormir
renace el día.
Nada haré sino sentir.
Pero ¿qué otra cosa haría?

Del viento en la orilla mueven
sus cuerpos muertos las hojas.
Ya de los árboles llueven,
ya, si inertes no se mueven,
tú, lluvia otoñal, las mojas.

Y no hay en mi pensamiento
deseo de irlas pensando.
No tengo en este momento
ya nada en mi pensamiento:
soy igual que hojas volando.

Pero las hojas no sienten
esta pena honda y rotunda
que mis sentidos consienten.
Nada son y nada sienten
de mi pena más profunda.

Despierto siempre antes de que raye el día
y escribo con el sueño que perdí.
Después, en el torpor que el alma enfría,
la aurora aguardo, que ya tantas vi.

Miro, olvidado, el ceniciento verde
que azula de los gallos el cantar.
¿Que es malo no dormir? Uno se pierde
lo que la muerte da para empezar.

Oh primavera sosegada, aurora,
enseña a mi torpor, que el alma enfría,
qué es lo que al alma lívida colora
con lo que ocurrirá durante el día.

AUTOPSICOGRAFÍA

El poeta es un fingidor.
Finge tan completamente
que hasta finge que es dolor
el dolor que en verdad siente.

Y, en el dolor que han leído,
a leer sus lectores vienen,
no los dos que él ha tenido,
sino solo el que no tienen.

Y así en la vida se mete,
distrayendo a la razón,
y gira el tren de juguete
que se llama corazón.

Tengo tanto sentimiento,
que es frecuente persuadirme
de que soy sentimental,
mas reconozco, al medirme,
que todo esto es pensamiento
que yo no sentí al final.

Tenemos, quienes vivimos,
una vida que es vivida
y otra vida que es pensada,
y la única en que existimos
es la que está dividida
entre la cierta y la errada.

Mas a cuál de verdadera
o errada el nombre conviene
nadie lo sabrá explicar;
y vivimos de manera
que la vida que uno tiene
es la que él se ha de pensar.

Llueve en silencio, que esta lluvia es muda
y no hace ruido sino con sosiego.
El cielo duerme. Cuando el alma es viuda
de algo que ignora, el sentimiento es ciego.
Llueve. De mí (de este que soy) reniego…

Tan dulce es esta lluvia de escuchar
(no parece de nubes) que parece
que no es lluvia, mas solo un susurrar
que a sí mismo se olvida cuando crece.
Llueve. Nada apetece…

No pasa el viento, cielo no hay que sienta.
Llueve lejana e indistintamente,
como una cosa cierta que nos mienta,
como un deseo grande que nos miente.
Llueve. Nada en mí siente…

No quiero rosas mientras haya rosas.
Las quiero cuando no las pueda haber.
¿Qué he de hacer con las cosas
que puede cualquier mano coger?

Solo quiero la noche si la aurora
la diluye en azul y rosicler.
Lo que mi alma ignora
es lo que quiero poseer.

¿Para qué?… De saberlo, nunca haría
versos para decir que no lo sé.
Siento mi alma pobre y fría…
¿Con qué limosna la calentaré?

POEMAS DE ALBERTO CAEIRO

Nunca he guardado rebaños,
y es como si los guardase.
Mi alma es como un pastor,
conoce el viento y el sol
y va de la mano de las Estaciones
continuando y viendo.
Toda la paz de la naturaleza sin gente
viene a sentarse a mi lado.
Pero yo me pongo tan triste como una puesta de sol
lo es para nuestra imaginación,
cuando refresca en el fondo de la llanura
y se siente que la noche ha entrado
como una mariposa por la ventana.

Pero mi tristeza es sosiego
porque es natural y justa
y es lo que debe haber en el alma
cuando piensa que existe
y las manos cogen flores sin que ella se dé cuenta.

Con un ruido de cencerros
más allá de la curva del camino,
mis pensamientos están contentos.
Solo me apena saber que están contentos
porque, si no lo supiese,
en vez de estar contentos y tristes
estarían alegres y contentos.

Pensar es incómodo como andar bajo la lluvia
cuando el viento arrecia y parece que llueve más.
No tengo ambiciones ni deseos.
Ser poeta no es una ambición mía.
Es mi manera de estar solo.

Y si a veces deseo,
por imaginación, ser corderillo
(o ser todo el rebaño
para andar esparcido por toda la cuesta
siendo muchas cosas felices a la vez),
es solo porque siento lo que escribo a la puesta del sol,
o cuando una nube pasa la mano por cima de la luz
y corre un silencio por la hierba.

Cuando me siento a escribir versos
o, paseando por los caminos o los atajos,
escribo versos en un papel que hay en mi pensamiento,

siento en las manos un cayado
y veo una silueta mía
en lo alto del otero,
mirando a mi rebaño y viendo mis ideas,
o mirando a mis ideas y viendo mi rebaño,
y sonriendo vagamente como quien comprende lo que
[se dice
y quiere fingir que lo comprende.

Saludo a todos los que me lean,
quitándome el sombrero ancho
cuando me ven a mi puerta
apenas la diligencia descuella en lo alto del otero.
Les saludo y les deseo sol,
y lluvia, cuando la lluvia es necesaria,
y que sus casas tengan
al pie de una ventana abierta
una silla predilecta
en la que se sienten a leer mis versos.
Y que al leer mis versos piensen
que soy algo natural:
por ejemplo, el árbol antiguo
a cuya sombra, cuando eran niños,
se sentaban de golpe, cansados de jugar,
y se limpiaban el sudor de la cabeza ardiente
con la manga de su guardapolvos a rayas.

Esta tarde ha caído la tormenta
rodando por las cuestas del cielo
como un pedrisco enorme...
Como alguien que desde una ventana alta
sacude un mantel
y las migajas, al caer todas juntas,
hacen ruido al caer,
la lluvia llovía del cielo
y ennegreció los caminos...

Cuando los relámpagos sacudían el aire
y abanicaban el espacio
como una gran cabeza que dice que no,
no sé por qué –yo no tenía miedo–
me puse a rezarle a santa Bárbara
como si fuese yo la tía vieja de alguien...

¡Ah!, es que rezándole a santa Bárbara
me sentía aún más ingenuo

de lo que me creo que soy…
Me sentía familiar y casero
y habiendo pasado la vida
tranquilamente, como el muro del huerto;
teniendo ideas y sentimientos por tenerlos
como una flor tiene perfume y color…

Me sentía alguien que puede creer en santa Bárbara…
¡Ah, poder creer en santa Bárbara!

(Quien cree que existe santa Bárbara,
¿pensará que es una persona y que se la ve,
o qué pensará de ella?)

(¡Qué artificio! ¿Qué saben
las flores, los árboles, los rebaños,
de santa Bárbara?… Una rama de árbol,
si pensase, nunca podría
inventar santos ni ángeles…
Podría pensar que el sol
es Dios, y que la tormenta
es un montón de gente
encolerizada por cima de nosotros…
¡Ah, de qué modo los más sencillos de los hombres
están enfermos y confusos y embrutecidos
frente a la clara sencillez

y salud con que existen
los árboles y las plantas!)

Y yo, pensando en todo esto,
me sentí otra vez menos feliz…
Me puse sombrío y débil y soturno
como un día durante el que todo el día la tormenta
[amenaza
y ni siquiera llega de noche…

Pensar en Dios es desobedecer a Dios,
porque Dios quiso que no le conociésemos,
por eso no se nos mostró…

Seamos sencillos y pacíficos,
como los regatos y los árboles,
y Dios nos amará haciéndonos bellos como los árboles
[y los regatos,
y nos dará verdor en su primavera,
¡y un río donde estar cuando acabemos!…

El Tajo es más bello que el río que corre por mi aldea,
pero el Tajo no es más bello que el río que corre por mi [aldea
porque el Tajo no es el río que corre por mi aldea.

El Tajo tiene grandes navíos
y todavía navega en él,
para quienes en todo ven lo que ya no existe,
la memoria de las naos.

El Tajo baja de España
y el Tajo entra en el mar en Portugal.
Todo el mundo lo sabe.
Pero pocos saben cuál es el río de mi aldea
y hacia dónde va
y de qué sitio viene.
Y por eso, porque pertenece a menos gente,
es más libre y mayor el río de mi aldea.

Por el Tajo se va al Mundo.
Más allá del Tajo está América
y la fortuna de quienes la encuentran.
Nadie ha pensado nunca en lo que hay más allá del río
[de mi aldea.

El río de mi aldea no hace pensar en nada.
Quien se encuentra a su lado, solo a su lado está.

A veces, en días de luz perfecta y exacta,
en que las cosas tienen cuanta realidad pueden tener,
me pregunto a mí mismo despacio
por qué siquiera atribuyo
belleza a las cosas.

¿Una flor tiene acaso belleza?
¿Tiene acaso belleza una fruta?
No: tienen color y forma
y tan solo existencia.
La belleza es el nombre de algo que no existe,
que yo doy a las cosas a cambio del placer que me
[producen.
No significa nada.
Entonces, ¿por qué digo de las cosas: son bellas?
Sí, incluso a mí, que vivo solo de vivir,
invisibles, vienen a hablarme las mentiras de los
[hombres ante las cosas,
ante las cosas que simplemente existen.

¡Qué difícil es ser consecuente y no ser sino lo visible!

No siempre soy igual en lo que digo y escribo.
Cambio, pero no cambio mucho.
El color de las flores no es el mismo al sol
que cuando pasa una nube
o cuando entra la noche
y las flores son color de sombra.

Mas quien mira bien ve que son las mismas flores.
Por eso cuando parezco no estar de acuerdo conmigo,
fíjense bien en mí:
si estaba vuelto a la derecha,
me he vuelto ahora a la izquierda,
pero siempre soy yo, teniéndome en los mismos pies.
El mismo siempre, gracias al cielo y a la tierra
y a mis ojos y a mis oídos atentos
y a mi clara simplicidad de alma…

Si quieren que yo tenga un misticismo, está bien, lo
[tengo.
Soy místico, mas solo con el cuerpo.
Mi alma es pura y no piensa.

Mi misticismo es no querer saber.
Es vivir y no pensarlo.

No sé lo que es la naturaleza: la canto.
Vivo en lo alto de un otero
en una casa enjalbegada y solitaria,
y esta es mi definición.

Un día excesivamente nítido,
día en que daban ganas de haber trabajado mucho
para no trabajar nada durante él,
entreví, como una carretera por entre los árboles,
lo que quizá sea el Gran Secreto,
aquel Gran Misterio del que hablan los falsos poetas.

Vi que no hay Naturaleza,
que la Naturaleza no existe,
que hay montes, valles, llanos,
que hay árboles, flores, hierbas,
que hay ríos y piedras,
pero que no hay un todo al que esto pertenezca,
que un conjunto real y verdadero
es una enfermedad de nuestras ideas.

La Naturaleza es partes sin un todo.
Esto es tal vez ese misterio del que hablan.

Fue esto lo que sin pensar ni parar mientes,
acerté que debía ser la verdad
que todos andan encontrando y no encuentran,
y que solo yo, porque no fui a encontrarlo, encontré.

POEMAS DE RICARDO REIS

Maestro, son plácidas
todas las horas
que malgastamos,
si al malgastarlas,
cual en un jarro,
ponemos flores.

Que no hay tristezas
ni hay alegrías
en nuestra vida.
Así, sepamos,
sabios incautos,
vivirla no,

sino pasarla
tranquilos, plácidos,
siendo los niños
nuestros maestros,
llenos los ojos
de Naturaleza…

Al pie del río,
junto al camino,
según el caso,
siempre en el mismo
descanso leve
de estar viviendo.

El tiempo pasa,
nada nos dice.
Envejecemos.
Sepamos, con
malicia casi,
sentirnos ir.

De nada vale
hacer un gesto.
No se resiste
al dios atroz
dios que sus hijos
siempre devora.

Cojamos flores.
Mojemos leves
nuestras dos manos
en calmos ríos
para aprender
también la calma.

Frente al sol, siempre,
cual girasoles,
no de la vida
sintamos, yéndonos,
remordimientos
de haber vivido.

Ven a sentarte conmigo, Lidia, a la orilla del río.
Con sosiego miremos su curso y aprendamos
que la vida pasa, y no estamos cogidos de la mano.
(Enlacemos las manos.)

Pensemos después, niños adultos, que la vida
pasa y no se queda, nada deja y nunca regresa,
va hacia el mar muy lejano, hacia el pie del Hado,
más lejos que los dioses.

Desenlacemos las manos, que no vale la pena cansarnos.
Ya gocemos, ya no gocemos, pasamos como el río.
Más vale que sepamos pasar silenciosamente
y sin grandes desasosiegos.

Sin amores, ni odios, ni pasiones que levanten la voz,
ni envidias que hagan a los ojos moverse demasiado,
ni cuidados, porque si los tuviese el río también correría,
y siempre acabaría en el mar.

Amémonos tranquilamente, pensando que podríamos,
si quisiésemos, cambiar besos y abrazos y caricias,
mas que más vale estar sentados el uno junto al otro
oyendo correr el río y viéndolo.

Cojamos flores, cógelas tú y déjalas
en tu regazo, y que su perfume suavice el momento–
este momento en que sosegadamente no creemos en nada,
paganos inocentes de la decadencia.

Por lo menos, si yo fuera sombra antes, te acordarás de mí
sin que mi recuerdo te queme o te hiera o te mueva,
porque nunca enlazamos las manos, ni nos besamos,
ni fuimos más que niños.

Y si antes de que llevases el óbolo al barquero sombrío,
nada habré de sufrir cuando de ti me acuerde,
a mi memoria has de ser suave recordándote así –a la
[orilla del río,
pagana triste y con flores en el regazo.

No tengas nada en las manos
ni una memoria en el alma,

que cuando un día en tus manos
pongan el óbolo último,

cuando las manos te abran
nada se te caiga de ellas.

¿Qué trono te quieren dar
que Átropos no te lo quite?

¿Qué laurel que no se mustie
en los arbitrios de Minos?

¿Qué horas que no te conviertan
en la estatura de sombra

que serás cuando, de noche,
estés al fin del camino?

Coge las flores, mas déjalas
caer, apenas miradas.

Al sol siéntate. Y abdica
para ser rey de ti mismo.

No consienten los dioses sino vida.
Todo, pues, rehusemos que nos alce
a irrespirables cimas,
perennes mas sin flores.
La ciencia de aceptar tengamos solo,
y, mientras de la sangre en nuestras sienes,
no con nosotros mústiase
el mismo amor, duremos,
cual vidrios a las luces transparentes
y dejando escurrir la lluvia triste,
tibios al sol caliente
y reflejando un poco.

Esta libertad solo nos conceden
los dioses: someternos
por nuestra voluntad a su dominio.
Más vale obrar así,
pues solo en la ilusión de libertad
la libertad existe.

Los dioses de otro modo, sobre quien
pesa el eterno hado,
nos usan para su calmo y poseído
convencimiento antiguo
de que su vida es libre y es divina.

Imitando a los dioses,
poco libres, como ellos en su Olimpo,
como aquel que en la arena
alza castillos por llenar los ojos,
alcemos nuestra vida
y los dioses sabrán agradecernos
el ser tan como ellos.

Siempre tuvimos, ángeles o dioses,
la visión perturbada de que sobre
nosotros, compeliéndonos,
obran otras presencias.

Como sobre las reses de los campos
nuestro esfuerzo, que no comprenden ellas,
las coarta y obliga
y ellas no nos perciben,

son nuestra voluntad y pensamiento
las manos con las que otros nos conducen
hacia donde ellos quieren
y no queremos ir.

A la patria, mi amor, prefiero rosas,
y antes magnolias amo
que gloria y que virtud.

Mientras la vida no me canse, dejo
pasar por mí la vida,
si sigo siendo el mismo.

¿Qué importa a aquel a quien ya nada importa
que uno pierda, que otro venza,
si ha de amanecer siempre,

si, con la primavera, año tras año,
las hojas aparecen
y en el otoño cesan?

Y el resto, lo demás que los humanos
añaden a la vida,
¿algo añade a mi alma?

Nada, salvo la sed de indiferencia
y la confianza suave
en la hora fugitiva.

No la que das, la flor que tú eres quiero.
¿Por qué me niegas lo que no te pido?
Tiempo habrá de que niegues
después de que hayas dado.
Flor, ¡séme flor! Si te cogiese avara
mano de infausta esfinge, tú perenne
sombra errarás absurda
tras lo que nunca diste.

No solo quien nos odia o nos envidia
nos limita y oprime; quien nos ama
        no menos nos limita.
Los dioses me concedan que, desnudo
de afectos, de la fría libertad
        de las cumbres yo goce.
Quien quiere poco, tiene todo; quien
nada, es libre; quien no tiene o desea,
        hombre, es como los dioses.

Para ser grande, sé entero: nada
tuyo exageres o excluyas.
Sé todo en cada cosa. Pon cuanto eres
en lo mínimo que hagas.
Así la luna entera en cada lago
brilla, porque alta vive.

Que me olviden los dioses solo quiero.
Seré libre, sin dicha ni desdicha,
como el viento que es vida
del aire, que no es nada.
El odio y el amor nos buscan; ambos,
cada uno a su manera, nos oprimen.
A quien nada conceden
los dioses, ese es libre.

POEMAS DE ÁLVARO DE CAMPOS

LISBON REVISITED
(1923)

No: no quiero nada.
Ya he dicho que no quiero nada.

¡No me vengan con conclusiones!
La única conclusión es morir.

¡No me vengáis con estéticas!
¡No me habléis de moral!
¡Llevaos de aquí la metafísica!
¡No me pregonéis sistemas completos, no me pongáis en
[fila conquistas
de las ciencias (¡de las ciencias, Dios mío, de las
ciencias!),
de las ciencias, de las artes, de la civilización moderna!

¿En qué he ofendido a todos los dioses?

¡Si tenéis la verdad, guardáosla!

Soy un técnico, pero solo tengo técnica dentro de la
[técnica.

Fuera de eso, estoy loco, con todo el derecho a estarlo.
Con el derecho a estarlo, ¿lo habéis oído?

¡No me fastidiéis, por amor de Dios!

¿Me queríais casado, fútil, cotidiano y tributable?
¿Me queríais todo lo contrario, lo contrario de lo que sea?
Si fuese otra persona, os daría gusto a todos.
Así, como soy, ¡tenéis que aguantaros!
¡idos al diablo sin mí!
¿Por qué habíamos de irnos juntos?

¡No me cojáis del brazo!
No me gusta que me cojan del brazo. Quiero ser solo.
¡Ya he dicho que soy solo!
¡Ah, qué fastidio querer que sea de compañía!

¡Oh cielo azul –el mismo de mi infancia–,
eterna verdad vacía y perfecta!
¡Oh ameno Tajo ancestral y mudo,
pequeña verdad en la que el cielo se refleja!
¡Oh amargura revisitada, Lisboa de antaño y de hoy!
Nada me dáis, nada me quitáis, nada que yo me sienta sois.

¡Dejadme en paz! No tardo, que yo nunca tardo…
¡Y mientras tarda el Abismo y el Silencio quiero estar solo!

TABAQUERÍA

No soy nada.
Nunca seré nada.
No puedo querer ser nada.
Aparté de esto, tengo en mí todos los sueños del mundo.

Ventanas de mi cuarto,
de mi cuarto de uno de los millones de gente que nadie
[sabe quién es
(y si supiesen quién es, ¿qué sabrían?),
dais al misterio de una calle constantemente cruzada
[por la gente,
a una calle inaccesible a todos los pensamientos,
real, imposiblemente real, evidente, desconocidamente
[evidente,
con el misterio de las cosas por lo bajo de las piedras y
[los seres,
con la muerte poniendo humedad en las paredes y
[cabellos blancos en los hombres,

con el Destino conduciendo el carro de todo por la
[carretera de nada.
Hoy estoy vencido, como si supiera la verdad.
Hoy estoy lúcido, como si estuviese a punto de morirme
y no tuviese otra fraternidad con las cosas
que una despedida, volviéndose esta casa y este lado de
[la calle
la fila de vagones de un tren, y una partida pintada
desde dentro de mi cabeza,
y una sacudida de mis nervios y un crujir de huesos a la
[ida.

Hoy me siento perplejo, como quien ha pensado y
[opinado y olvidado.
Hoy estoy dividido entre la lealtad que le debo
a la tabaquería del otro lado de la calle, como cosa real
[por fuera,
y a la sensación de que todo es sueño, como cosa real
[por dentro.

He fracasado en todo.
Como no me hice ningún propósito, quizá todo no
[fuese nada.
El aprendizaje que me impartieron,
me apeé por la ventana de las traseras de la casa,
me fui al campo con grandes proyectos.

Pero solo encontré allí hierbas y árboles,
y cuando había gente era igual que la otra.
Me aparto de la ventana, me siento en una silla. ¿En qué
[voy a pensar?

¿Qué sé yo del que seré, yo que no sé lo que soy?
¿Ser lo que pienso? Pero ¡pienso ser tantas cosas!
¡Y hay tantos que piensan ser lo mismo que no puede
[haber tantos!
¿Un genio? En este momento
cien mil cerebros se juzgan en sueños genios como yo,
y la historia no distinguirá, ¿quién sabe?, ni a uno,
ni habrá sino estiércol de tantas conquistas futuras.
No, no creo en mí.
¡En todos los manicomios hay locos perdidos con tantas
[convicciones!
Yo, que no tengo ninguna convicción, ¿soy más
[convincente o menos convincente?
No, ni en mí…
¿En cuántas buhardillas y no buhardillas del mundo
no hay en estos momentos genios-para-sí-mismos
[soñando?
¿Cuántas aspiraciones altas y nobles y lúcidas
–sí, verdaderamente altas y nobles y lúcidas–,
y quién sabe si realizables, no verán nunca la luz del sol
[verdadero ni encontrarán quien les preste oídos?

El mundo es para quien nace para conquistarlo
y no para quien sueña que puede conquistarlo, aunque
[tenga razón.
He soñado más que lo que hizo Napoleón.
He estrechado contra el pecho hipotético más
[humanidades que Cristo,
he pensado en secreto filosofías que ningún Kant ha
[escrito.
Pero soy, y quizá lo sea siempre, el de la buhardilla,
aunque no viva en ella;
seré siempre *el que no ha nacido para eso;*
seré siempre *el que tenía condiciones;*
seré siempre el que esperó que le abriesen la puerta al pie
[de una pared sin puerta
y cantó la canción del infinito en un gallinero,
y oyó la voz de Dios en un pozo tapado.
¿Creer en mí? No, ni en nada.
Derrámame la naturaleza sobre mi cabeza ardiente
su sol, su lluvia, el viento que tropieza en mi cabello,
y lo demás que venga si viene, o tiene que venir, o que no
[venga.
Esclavos cardíacos de las estrellas,
conquistamos el mundo entero antes de levantarnos de
[la cama;
pero nos despertamos y es opaco,
nos levantamos y es ajeno,

salimos de casa y es la tierra entera,
y el sistema solar y la Vía Láctea y lo indefinido.

(¡Come chocolatinas, pequeña,
come chocolatinas!
Mira que no hay más metafísica en el mundo que las
[chocolatinas,
mira que todas las religiones no enseñan más que la
[confitería.
¡Come, pequeña sucia, come!
¡Ojalá comiese yo chocolatinas con la misma verdad
[con que comes!
Pero yo pienso, y al quitarles la platilla, que es de papel
[de estaño,
lo tiro todo al suelo, lo mismo que he tirado la vida.)

Pero por lo menos queda de la amargura de lo que
[nunca seré
la caligrafía rápida de estos versos,
pórtico partido hacia lo Imposible.
Pero por lo menos me consagro a mí mismo un
[desprecio sin lágrimas,
noble, al menos, en el gesto amplio con que tiro
la ropa sucia que soy, sin un papel, para el transcurrir
[de las cosas,
y me quedo en casa sin camisa.

(Tú, que consuelas, que no existes y por eso consuelas,
o diosa griega, concebida como una estatua que
[estuviese viva,
o patricia romana, imposiblemente noble y nefasta,
o princesa de trovadores, gentilísima y disimulada,
o marquesa del siglo dieciocho, descotada y lejana,
o meretriz célebre de los tiempos de nuestros padres,
o no sé qué moderno –no me imagino bien qué–,
todo esto, sea lo que sea, lo que seas, ¡si puede inspirar,
[que inspire!
Mi corazón es un cubo vaciado.
Como invocan espíritus los que invocan espíritus, me
[invoco
a mí mismo y no encuentro nada.
Me acerco a la ventana y veo la calle con absoluta
[claridad,
veo las tiendas, veo las aceras, veo los coches que pasan,
veo a los entes vivos vestidos que se cruzan,
veo a los perros que también existen,
y todo esto me pesa como una condena al destierro,
y todo esto es extranjero, como todo.)

He vivido, estudiado, amado, y hasta creído,
y hoy no hay un mendigo al que no envidie solo por no
[ser yo.

Miro los andrajos de cada uno y las llagas y la mentira,
y pienso: puede que nunca hayas vivido, ni estudiado, ni
[amado ni creído
(porque es posible crear la realidad de todo eso sin
[hacer nada de eso);
puede que hayas existido tan solo como un lagarto al
[que cortan el rabo
y que es un rabo, más acá del lagarto, removidamente.

He hecho de mí lo que no sabía,
y lo que podía hacer de mí no lo he hecho.
El dominó que me puse estaba equivocado.
Me conocieron enseguida como quien no era y no lo
[desmentí, y me perdí.
Cuando quise quitarme el antifaz,
lo tenía pegado a la cara.
Cuando me lo quité y me miré en el espejo,
ya había envejecido.
Estaba borracho, no sabía llevar el dominó que no me
[había quitado.
Tiré el antifaz y me dormí en el vestuario
como un perro tolerado por la gerencia
por ser inofensivo
y voy a escribir esta historia para demostrar que soy
[sublime.

Esencia musical de mis versos inútiles,
ojalá pudiera encontrarme como algo que hubiese hecho,
y no me quedase siempre enfrente de la tabaquería de
[enfrente,
pisoteando la conciencia de estar existiendo
como una alfombra en la que tropieza un borracho
o una estera que robaron los gitanos y no valía nada.

Pero el propietario de la tabaquería ha asomado por la
[puerta y se ha quedado a la puerta.
Le miro con incomodidad a la cabeza apenas vuelta,
y con la incomodidad del alma que está comprendiendo
[mal.
Morirá él y moriré yo.
Él dejará la muestra y yo dejaré versos.
En determinado momento morirá también la muestra, y
[los versos también.
Después de ese momento, morirá la calle donde estuvo
[la muestra,
y la lengua en que fueron escritos los versos,
morirá después el planeta girador en que sucedió todo
[esto.
En otros satélites de otros sistemas cualesquiera algo así
[como gente
continuará haciendo cosas semejantes a versos y viviendo
[debajo de cosas semejantes a muestras,

siempre una cosa enfrente de la otra,
siempre una cosa tan inútil como la otra,
siempre lo imposible tan estúpido como lo real,
siempre el misterio del fondo tan verdadero como el
[sueño del misterio de la superficie,
siempre esto o siempre otra cosa o ni una cosa ni la otra.

Pero un hombre ha entrado en la tabaquería (¿a comprar
[tabaco?),
y la realidad plausible cae de repente encima de mí.
Me incorporo a medias con energía, convencido,
[humano,
y voy a tratar de escribir estos versos en los que digo lo
[contrario.

Enciendo un cigarrillo al pensar en escribirlos
y saboreo en el cigarrillo la liberación de todos los
[pensamientos.
Sigo al humo como a una ruta propia,
y disfruto, en un momento sensitivo y competente,
la liberación de todas las especulaciones
y la conciencia de que la metafísica es una consecuencia
[de encontrarse indispuesto.

Después me echo para atrás en la silla
y continúo fumando.
Mientras me lo conceda el destino seguiré fumando.

(Si me casase con la hija de mi lavandera
a lo mejor sería feliz.)
Visto lo cual, me levanto de la silla. Me voy a la ventana.

El hombre ha salido de la tabaquería (¿metiéndose el
[cambio en el bolsillo de los pantalones?).
Ah, le conozco: es el Esteves sin metafísica.
(El propietario de la tabaquería ha llegado a la puerta.)
Como por una inspiración divina, Esteves se ha vuelto y
[me ha visto.
Me ha dicho adiós con la mano, le he gritado *¡Adiós,*
[*Esteves!*, y el Universo
se me reconstruye sin ideales ni esperanza, y el propietario
[de la tabaquería ha sonreído.

Papel certificado por el Forest Stewardship Council®

MIXTO
Papel procedente de
fuentes responsables
FSC® C117695

Penguin
Random House
Grupo Editorial

Primera edición: enero de 2019
Sexta reimpresión: enero 2023

Printed in Spain – Impreso en España

ISBN: 978-84-397-3530-4
Depósito legal: B-25.784-2018

Compuesto en La Nueva Edimac, S. L.

Impreso en Limpergraf
Barberà del Vallès (Barcelona)

RH 3 5 3 0 B